Biblioteca Infantil

CUENTOS MÁGICOS

BIBLIOTECA INFANTIL

CUENTOS MÁGICOS

Ilustraciones: Magda y Vernet
Revisión: Patricia Díaz / Equipo Todolibro

© TODOLIBRO EDICIONES, S.A.
C/ Campezo, 13 - 28022 Madrid
Tel.: 91 3009115 - Fax: 91 3009110
www.todolibro.es
Impreso y encuadernado en España

Cualquier forma de reproducción, distribución, comunicación pública o transformación de esta obra solo puede ser realizada con la autorización de sus titulares, salvo excepción prevista por la ley. Diríjase a CEDRO (Centro Español de Derechos Reprográficos) si necesita fotocopiar o escanear algún fragmento de esta obra (www.conlicencia.com; 91 702 19 70 / 93 272 04 47).

Índice

Alicia en el País de las Maravillas 5
El rey Midas 13
El Mago de Oz 19
La gallina de los huevos de oro 27
La Dama de las Nieves 35
Trenza de Oro 43
Blancaluz y Rojaflor 49
El gato con botas 57
El lobo y los siete cabritillos 65
El zapatero y los duendes 73
Pulgarcita 81
La sirenita del mar azul 89

Alicia en el País de las Maravillas

Alicia había salido al jardín **después de estudiar sus lecciones.** Se sentó junto a un tronco caído y, casi sin darse cuenta, se quedó dormida. En sueños vio pasar un *extraño conejo* que iba diciendo:

—**SON MÁS DE LAS DOCE** y voy a **llegar tarde...**

—**¿De qué hablas?** —le interrumpió **Alicia**—.

¿De dónde sales, qué dices y por qué vistes **como las personas?**

—¡Déjame en paz que tengo **mucha prisa!**

Y sin despedirse siquiera, **SALIÓ CORRIENDO.**

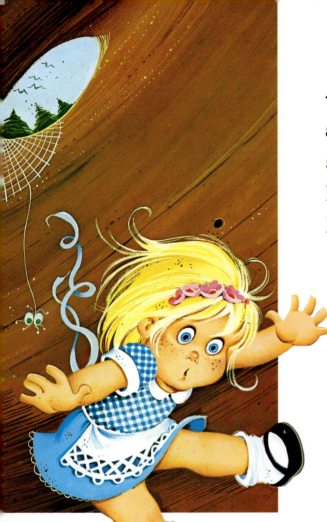

«¡QUÉ BARBARIDAD! Hay que ver qué animal más maleducado», se dijo Alicia a sí misma. Y sin pensárselo dos veces, SE FUE CORRIENDO DETRÁS DEL CONEJO BLANCO.

La niña corrió más y más, y tan deprisa corría que *no se fijó en un agujero* que había en el suelo y, claro, SE CAYÓ POR ÉL.

Aterrizó suavemente en un jardín *lleno de flores fantásticas* y sobre el que revoloteaban unas **simpáticas y pacíficas abejas**. Una flor rosa le indicó el camino para llegar a la fiesta del SOMBRERERO LOCO.

Alicia en el País de las Maravillas

Un señor bajito con un **sombrero de copa grandísimo** estaba sirviendo la merienda, y una liebre parlanchina hacía de ayudante. En cuanto vieron a Alicia le hicieron sentarse a la mesa.

—Lo siento mucho, señor **SOMBRERERO**, pero no puedo quedarme. Y Alicia continuó la búsqueda del extraño conejo blanco.

Cuentos mágicos

Llegó a un lugar donde se estaba jugando un **extraño juego.** Había unos soldados vestidos de **cartas de la baraja.**

También había **una reina de corazones** que **NO HACÍA MÁS QUE CHILLAR** y, a su derecha, agazapado, estaba el conejo blanco.

—¿Qué hace aquí esa niña que no va vestida de CARTA DE LA BARAJA? —gritó la reina, señalando a Alicia—.

¡¡¡QUE LE CORTEN LA CABEZA!!!

Alicia en el País de las Maravillas

Alicia pegó un salto tremendo cuando los soldados se **abalanzaron sobre ella**. Tan grande fue el salto que de golpe **se encontró recostada sobre el tronco** rodeada de **caracoles y algún gusanito** que otro.

Miró a su alrededor y vio que **ESTABA EN SU JARDÍN**.

El *conejo blanco*, las *flores parlanchinas*, la LIEBRE, el **SOMBRERERO LOCO** y la chillona **Reina de Corazones** no existían más que en su sueño.

Simplemente, estaba tan cansada que se había **QUEDADO DORMIDA**.

El rey MIDAS

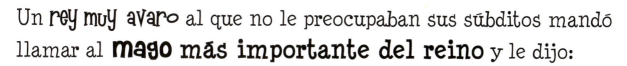

Un **rey muy avaro** al que no le preocupaban sus súbditos mandó llamar al **mago más importante del reino** y le dijo:

—Quiero que con tu magia consigas que **TODO LO QUE YO TOQUE SE CONVIERTA EN ORO**.

—Te voy a conceder tu **insensato deseo**. Para tu desgracia, desde este momento todo aquello que roce tu cuerpo se convertirá en **ORO MACIZO**.

Y lanzando una **carcajada** que ponía los pelos de punta, el **mago desapareció** en una nube de humo.

En efecto, desde ese momento TODO CUANTO TOCABA EL REY SE CONVERTÍA EN ORO; una puerta, una silla, la mesa del comedor, el vaso de agua, un pollo asado...
¡NO PODÍA BEBER!
¡NO PODÍA COMER!

—¡Papá, papá! —exclamó la princesita, que se acercaba corriendo a besar a su padre.

—¡NO, HIJITA! ¡NO TE ACERQUES A MÍ!

Pero ya era tarde... En el mismo momento en QUE LE DABA UN BESO, la niña se convirtió en una estatua de oro puro.

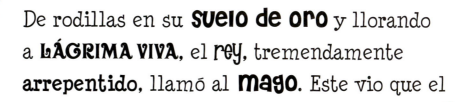

De rodillas en su **suelo de oro** y llorando a **LÁGRIMA VIVA**, el rey, tremendamente arrepentido, llamó al **mago**. Este vio que el rey había APRENDIDO LA LECCIÓN y le quitó el desgraciado don.

El rey **MIDAS** cambió completamente su manera de ser; **REPARTIÓ SUS RIQUEZAS CON LA GENTE** y así, SIENDO GENEROSO, conoció la verdadera FELICIDAD.

DORITA había salido de paseo con su perro **Totó** cuando, de repente, mientras charlaban con dos flores que, en realidad, eran princesas a las que un **HADA MALA** había hechizado, una nube negra y gordinflona les mandó un viento enorme que se los llevó en volandas hasta un lugar desconocido y extraño. Empezaron a andar y en el camino encontraron un **ESPANTAPÁJAROS**.

—Me gustaría ir a ver al **MAGO DE OZ** —dijo el espantapájaros—. Seguro que con su magia conseguirá que mi corazón suene como un reloj.

—¿Me acompañáis hasta su **CASTILLO?**

De camino, en busca de ese **MAGO** que podía arreglarlo todo, se encontraron con un **LEÓN**, tan grande como **asustadizo**: todos se llevaron un buen sobresalto.

—Perdonadme —se disculpó el **LEÓN**—, pero ya veis que soy un **LEÓN** miedoso. **Dorita** le invitó a que les acompañara a ver al **MAGO DE OZ**. De pronto, los cuatro oyeron una *voz*: era una *gran serpiente de cascabel*.

El Mago de OZ

—No me funciona el cascabel y, si no aviso, me pueden matar de un pisotón.

—Pues ven con nosotros a visitar al **MAGO DE OZ** —la animaron los demás.

Al poco empezaron a subir unas montañas enormes y, ya de noche, divisaron a lo lejos un castillo en lo alto del pico de la montaña más alta.

De repente, apareció ante ellos un viejecillo de pies muy grandes.

Dorita le explicó cuál era el favor que le pedían sus amigos al **MAGO DE OZ.**

Entonces él dejó salir del interior de una botella una nube formada por pompas de jabón azules. Las pompas envolvieron al **ESPANTAPÁJAROS, AL LEÓN** y a la serpiente de cascabel y, en un momento, los tres consiguieron lo que deseaban.

¡Aquel viejecito era el **MAGO DE OZ!** Pero, en ese momento, desapareció.

¡Adiós, **Dorita**!

¡Adiós, **Totó**!

Dorita vio la cara redonda de la **luna** que parecía mirarla sonriente.

Seguía siendo de noche, pero ella no estaba en el castillo.

Se encontraba en el campo, sentada en el suelo, reposando la cabeza sobre una roca. Y en su falda, hecho una rosca, estaba **Totó** completamente dormido.

La **gallina** de los **huevos** de **ORO**

29

Un **ANCIANITO ENCANTADOR** le regaló a Blanca una **gallina** grande y sonriente por haberle ayudado a levantarse tras una caída.
—Esta **gallina** te será de mucha utilidad...

A la mañana siguiente, Blanca vio que la **gallina** había puesto un huevo, pero

¡**SORPRESA**!
¡Era un **HUEVO DE ORO**!

Lo vendió y ganó mucho dinero. Entonces, Blanca se compró una casa estupenda y se dedicó a darse la gran vida, porque lo cierto es que la **gallina** maravillosa ponía todos los días, a las ocho en punto de la mañana, un huevo de **ORO MACIZO DE VEINTICUATRO QUILATES.**

Con la riqueza, a Blanca se le olvidaron los malos tiempos, cuando no tenía nada, y poco a poco se fue volviendo vanidosa y egoísta. Un día, Blanca salió a ver quién llamaba a su puerta. Era un niño **muy pobre**, tan pobre como había sido ella... Los pantalones rotos, sus zapatos destrozados, tenía hambre...
—¿No pretenderás que te invite a comer a mi casa? ¡Vete de aquí y no se te ocurra volver!

Al día siguiente, Blanca gritó a la gallina de muy mala manera porque en lugar de un huevo de oro, había puesto dos...

¡PERO FRITOS!

Más enfadada que nunca, **Blanca** cogió una escoba y golpeó a la pobre **gallina**. Menos mal que, al instante, el gallinero se iluminó con una luz mágica y apareció el **VIEJECILLO**.

—No has sabido ser generosa y por eso te he castigado. Mientras no vuelvas a ser como eras antes, la **gallina** no volverá a poner **huevos de oro**.

Y después de decir esto, el **ANCIANO MAGO** desapareció.

La **gallina** de los huevos de ORO

Blanca entendió que su comportamiento había sido **HORRIBLE**. Se disculpó con la **gallina** y hasta encontró al niño pobre al que había echado de casa. Se acercó a él y le dijo:

—Vengo a pedirte perdón. Quiero que vengas a comer a mi casa todos los días.

Desde entonces, **B**lanca ayudó a las personas necesitadas con lo que sacaba de vender el oro, y la **gallina**, contenta y feliz, cada día ponía **más huevos**.

La **Dama** de las **Nieves**

Al morir su papá, **Rita** quedó indefensa ante su **madrastra** y la hija de esta. La viuda de su padre la odiaba y la **hermanastra**, que se llamaba **PETRA**, era muy envidiosa. Así que, una vez solas sin el padre, se dedicaron a hacerle la vida imposible a la pobre **Rita**.

Lo primero que se les ocurrió fue echar a todos los criados para que **Rita** tuviera que hacer todo el trabajo de la casa. Tanto y tanto trabajó, que los **deditos le empezaron a sangrar**. Entonces fue a lavarlos a un **POZO**.

Desde las tranquilas aguas, ascendió una dulce y sugerente voz:

—**Rita**, soy la Dama de las Nieves y estoy aquí para ayudarte —le dijo—. Ve a tu casa y laméntate por lo de tus heridas sin preocuparte de lo que pase.

—Tiene razón **Petra** cuando dice que lo que no quieres es trabajar —dijo la madrastra al oír a **Rita**—, márchate y **NO VUELVAS** por aquí!

Rita iba por el camino llorando cuando oyó unas voces que gritaban:

—¡SOCORRO, SOCORRO!

La niña miró por todos los lados, hasta que encontró un horno de piedra donde estaban cociéndose un montón de hogazas de pan.

—¿Sois vosotras las que pedís socorro? —preguntó **Rita**.

—¡**SÍ, SÍ**! ¡Sácanos, **por favor**, nos estamos quemando!

Rita las sacó del horno y las dejó con mucho cuidado a un lado del camino.

—**Muchas gracias** —le dijeron los panes—, nos has salvado. Como eres tan buena, **NUNCA TE FALTARÁ** un delicioso pan para comer.

Continuaba **Rita** por el camino, cuando un coro de **voces infantiles** la empezaron a llamar.

—¡Aquí, en el manzano!

La niña se acercó al árbol y vio un montón enorme de manzanas brillantes y olorosas.

—¡Hola! —la saludaron todas a la vez—. Ya ves que somos muchas y como pesamos tanto, podemos romper sin querer las ramas de nuestro árbol. SACUDE EL MANZANO, por favor.

Rita sacudió las ramas y todas las manzanas cayeron al suelo. A continuación, la niña las juntó todas en un montón y continuó su camino.

Al fin, **Rita** llegó a una casita de plata donde vivía una **señora con el pelo blanco como la nieve.**

—¡Hola, **Rita**!, ¿reconoces **MI VOZ**?

—¡**Claro**! Su voz es la voz del pozo. Entonces, la señora llevó a **Rita** hasta una puerta de madreperla y, al pasar por ella, **LLOVIÓ ORO** sobre la niña.

Días después, **Rita** supo que su **madrastra** había enfermado y regresó a cuidarla. Su envidiosa **hermanastra**, al ver que traía **ORO**, quiso alcanzar el mismo tesoro que **Rita**.

Pero no ayudó a los panes ni a las manzanas, ni tampoco a la *señora de pelo blanco*, y al cruzar la puerta de madreperla, a **Petra** le cayó encima un montón de **ALQUITRÁN**.

La **HIJA** de un humilde hortelano fue raptada por una **malvada bruja**, que encerró a la **NIÑA** en una torre muy alta **sin ninguna puerta**.

La **NIÑA** fue creciendo y, con ella, su larguísima **trenza dorada**.

Habían pasado varios años, cuando una tarde el **príncipe** de aquel país paseaba por el bosque y, a lo lejos, oyó una hermosa y triste canción.

Al **joven príncipe** le picó la curiosidad, pero la torre era

INACCESIBLE.

Otra tarde vio cómo desde la ventana caía una **larga trenza** y por ella subía una **vieja**. Esperó a que saliera la **anciana** y trepó por **la trenza**; allá arriba encontró a una **joven** que lloraba amargamente.

—No llores más. Ahora que ya sé el camino, vendré para hablar contigo y para que me cantes.

Sin embargo, la **bruja** sospechó que algo había cambiado pues las canciones ya no eran tristes.

Un día la **malvada anciana** se presentó de improviso en lo **ALTO DE LA TORRE** y cuando subió el **príncipe**, le empujó al vacío.

De la fuerte caída, el **príncipe** quedó ciego y, temeroso, **DECIDIÓ HUIR.**

Mientras, **trenza de oro** consiguió por fin escapar. Anduvo y anduvo hasta que una tarde, agotada, cantó una de sus **tristes canciones**. El príncipe, que pasaba por allí, reconoció la voz de su **AMADA**...

Desde entonces no volvieron a separarse.

Blancaluz y Rojaflor

En lo más alto de una montaña nevada vivían dos niñas felices. Una se llamaba Blancaluz y la otra Rojaflor.

Una noche, alguien llamó a su puerta.

Al abrir, se encontraron con un **oso blanco** que tiritaba de frío.

Blancaluz se asustó, pero Rojaflor sintió pena por el animal y le hizo pasar.

—Vengo de las nieves del Polo Norte y me he debido de perder —explicó el **oso**.

Cuentos mágicos

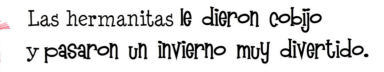

Las hermanitas le dieron cobijo y pasaron un invierno muy divertido.

Un día, Blancaluz intentó socorrer a un **ENANITO PESCADOR**, cuya barba había sido atrapada por un pez, pero tuvo que cortarle un mechón para dejarlo libre. El pescador se enfadó tanto por su barba cortada que Blancaluz tuvo que salir corriendo.

Días después fue **Roja Flor** quien se encontró con el **VIEJECITO ENANO** de largas barbas y, al intentar socorrerlo **cortándole la punta de la barba** porque se había enganchado a un tronco caído, el **ENANO** volvió a ponerse como una furia:

—¡¡**NIÑA HORRIBLE**!!

¡Acércate y verás qué tirón de pelos te voy a dar! ¡Solo a una niña como tú se le puede ocurrir cortarme la barba!

Estaban las **niñas** buscando setas para hacerse un guiso cuando detrás de una piedra enorme encontraron un cofre lleno a rebosar de oro. De pronto, apareció el **ENANO ANTIPÁTICO** con un garrote en la mano amenazándolas:

—**¡NIÑAS ESTÚPIDAS Y LADRONAS!** Esto es lo que andabais buscando, ¿**NO**? **¡FUERA DE AQUÍ! ¡FUERA**, si no queréis que os rompa la cabeza!

El **ENANO** iba corriendo tras ellas cuando, de repente, apareció el **OSO BLANCO** y se puso delante de él, amenazándolo. **EL CHIQUITAJO** tuvo que pedir perdón y salió huyendo.

Entonces, ocurrió algo **Maravilloso**: la piel del oso se desprendió y apareció en su lugar un hermoso joven. En realidad, el **oso era un** *príncipe* **hechizado** por el **MALVADO ENANO**, quien también le había robado el oro.

Al huir, el hechizo por fin se rompió.

Y así, los tres vivieron felices en su **Reino** de la **montaña nevada**.

El hijo pequeño de un molinero se **LAMENTABA DE SU SUERTE**, pues además de haberse quedado sin padre, por toda herencia había recibido un **gato gris**.

—Si consigues unas **botas** y un **sombrero** para mí —le dijo un día el **gato** a su sorprendido **dueño**—, verás en poco tiempo todas las cosas que yo puedo hacer por ti.

Con un saco y una zanahoria el **gato** preparó una trampa y cogió un conejo **gordo** y **orondo**.

Cuentos **mágicos**

Después, se presentó ante el rey.

—Majestad —le informó el **gato**—, mi **amo** os envía este conejo, uno de los miles que hay en sus campos.

Al **monarca** le parecía increíble **LO BIEN QUE SE EXPRESABA** el **gato**.

—¿Cómo has dicho que se llama tu **amo**?

—¡El **marqués** de **Carabás**! —respondió con orgullo el **felino**.

—**Amo** —le dijo un día el **gato con botas** a su dueño—, vas a casarte con la **hija del rey**.

—¿Y cómo un pobre como yo podría casarse con una **princesa**?

—Sigue mis instrucciones. Hoy a las doce en punto debes **METERTE EN EL RÍO** y estarte calladito.

El chico **no entendía nada**, pero obedeció y se metió en el agua.

El **gato** sabía que era costumbre del **rey** pasar todos los días a las **doce en punto** de la mañana en su carroza por el puente que había sobre el río. Cuando vio que aparecía el **carruaje**, el **gato** salió de su escondite gritando:

—¡**AYUDA**!

¡Mi señor el **marqués de Carabás** ha sido asaltado por unos ladrones!

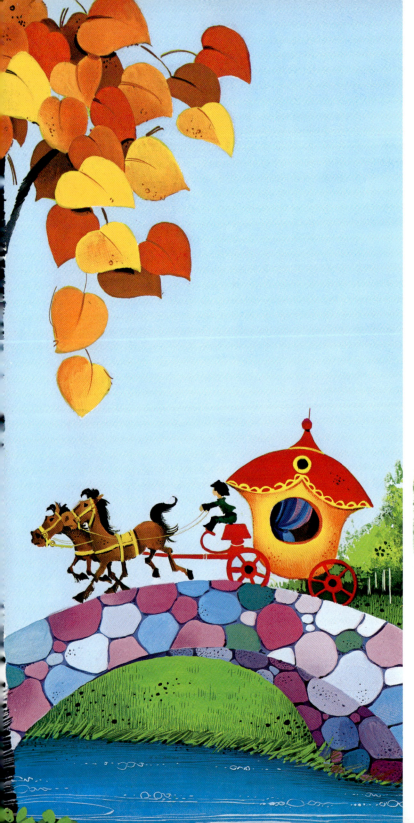

¡Han aprovechado que se estaba bañando y le han **ROBADO HASTA LA ROPA**!

Al rey le faltó tiempo para reaccionar y mandar a sus servidores que vistieran con los **más ricos ropajes** al marqués de Carabás.

Felices y contentos regresaron todos a palacio, donde el joven **PIDIÓ LA MANO** de la hija del rey, la princesa Florlinda, la mujer más maravillosa que había conocido nunca.

Y así fue: el **gato con botas**, con su ingenio, consiguió hacer de su **amo** todo un príncipe.

Ya rey, el antiguo marqués nombró a su **gato gran** Chambelán, que es, después de sus majestades, quien más manda en el reino.

El Lobo y los siete cabritillos

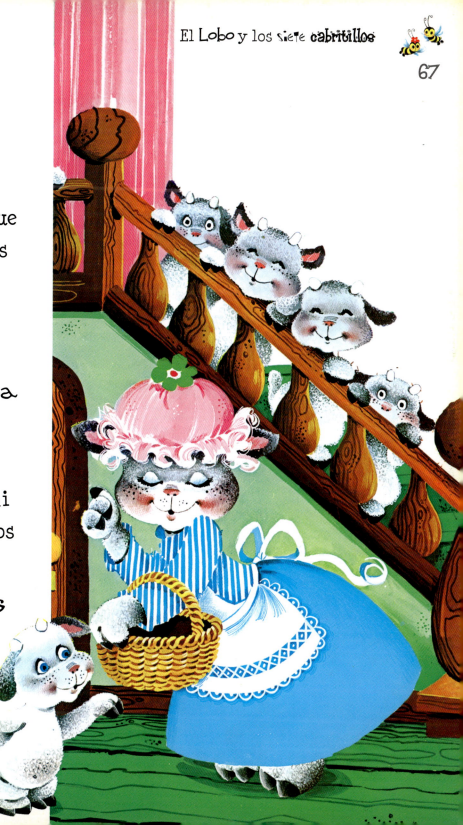

Desde que **MAMÁ CABRA** se había enterado de que el lobo andaba por los **ALREDEDORES**, cada vez que salía a la calle advertía a sus **HIJITOS** para que tuvieran mucho cuidado.

—No abráis la puerta a nadie.

—No te preocupes, mami —dijo el más **PEQUEÑO** de los **CABRITOS**—.

No nos moveremos de casa.

En cuanto salió **MAMÁ CABRA**, apareció el lobo.

—¡**Abrid**, hijitos, que soy vuestra madre!

El **MÁS PEQUEÑO** de los **CABRITOS** respondió:

—**NO** pensamos abrirte, lobo **MENTIROSO**. Márchate.

El lobo insistió un par de veces más, pero no consiguió engañar al **PEQUEÑO** de los **CABRITILLOS**.

—Eres el **VIEJO** y **MALVADO LOBO** y nos quieres engañar. Nuestra **MAMÁ** tiene la **voz suave** y sus **patitas** son **blancas** como la nieve. En cambio, tu voz es **RONCA** y tu pelo es muy **OSCURO**.

El Lobo y los siete cabritillos

Rabioso, el **lobo** se fue corriendo al molino y **obligó** al **molinero** a que le pusiera harina en las cuatro patas hasta que estuvieran

blancas como la nieve.

Después, volvió a casa de los **CABRITILLOS** y llamó a la puerta.

—Enséñanos la patita —le dijo el **CABRITO PEQUEÑO**, desconfiando.

El **lobo** enseñó su pata y el **CABRITILLO** la vio tan blanca que nada sospechó.

Cuentos mágicos

El terrible **lobo** devoró de un bocado a **SEIS DE LOS CABRITILLOS**, pero el séptimo, **el más pequeño**, se le escapó. Este fue quien avisó a su **MADRE** de lo ocurrido y juntos fueron al bosque en busca del **lobo**.

—Mira cómo se le mueve la tripa al **lobo**, **MAMÁ**.

—Es verdad. Ve a casa corriendo y tráeme las tijeras grandes, la aguja más gorda del costurero y cordel.

MAMÁ CABRA abrió la tripa del **lobo** y sacó a sus **HIJITOS**. Después, llenó con piedras la barriga y la cosió con el cordel. Cuando el lobo se despertó tuvo una sed terrible y, queriendo beber agua en el río, cayó y se **AHOGÓ**.

Todos se pusieron a cantar y a bailar de alegría y, desde aquel día, vivieron tranquilos y felices.

Érase un **zapatero** tan pobre que ya no podía comprar **cuero** para hacer zapatos. —¿**Cómo me las voy a arreglar para vivir?** —se preguntaba el **zapatero** a la hora de irse a la cama—. Si no compro el **cuero**, no puedo hacer **ZAPATOS** y si no hago **ZAPATOS**, no los vendo y no tengo dinero.

No sé qué hacer...

El Zapatero y los Duendes

Al día siguiente el **zapatero**, como por *arte de magia*, encontró en su taller un par de **ZAPATOS** nuevos bien relucientes. Enseguida un **riquísimo constructor** entró en la tienda y le ofreció al asombrado zapatero **CINCUENTA MONEDAS DE ORO PURO.** *Era rico.*

De nuevo al amanecer, otro par de **ZAPATOS**, más bonitos incluso que los del día anterior, lucían su *belleza* sobre la **MESA DE TRABAJO.**

El Zapatero y los Duendes

Una noche el **zapatero** decidió quedarse escondido en el **taller** para desvelar el misterio de los **ZAPATOS**.

Cuando habían pasado unas cuantas horas, vio que eran **dos duendecillos** los que hacían todo el **TRABAJO CON EL CUERO** que ellos mismos traían.

–**¡OH!** –exclamó el **zapatero** lleno de **asombro**–.

Estas pequeñas criaturas son las que me han ayudado. No hacen más que trabajar para mi beneficio y los pobres llevan tan poca ropa que se van a congelar con el frío que hace.

Por la mañana temprano, el *agradecido zapatero* compró un montón de ropa para los **duendecillos** y se lo dejó todo en el **TALLER** para que lo encontraran por la noche.

Los **pequeños duendes** le agradecieron mucho los regalos y,

puesto que el zapatero ya no necesitaba el dinero, decidieron que era el momento de marcharse a otro lugar donde hubiera alguien que sí les necesitase.

El zapatero entendió el mensaje de los **duendecillos** y, aunque ya no tenía ninguna necesidad de **TRABAJAR**, decidió seguir *con su oficio* y poner toda su **habilidad** y **experiencia** al servicio de sus compradores, haciendo unos **ZAPATOS** *tan bonitos* como los que hacían los **duendes**, de los que había aprendido tanto y a los que debía su fortuna.

Pulgarcita

83

A la *mamá* de **Pulgarcita** su hija le parecía *maravillosa*; sin embargo, siempre se decía que si fuera un poquito más grande estaría más tranquila, sin preocuparse de que alguien la pisase sin querer.

Una noche mientras dormía en su **CUNITA DE NUEZ**, un **HORRIBLE SAPO** raptó a la **niña** para dársela a su también **HORROROSO HIJO**, y se la llevó a una flor en medio del estanque para que no pudiera escapar.

Cuando la niña despertó, se llevó un susto horrible.

—¡**Mami, mami!** —gritó—. Estoy perdida en medio del agua y no sé nadar. ¡Por favor, **que alguien me ayude!**

Un **pez de colores** que pasaba por allí llevó a **Pulgarcita** hasta tierra firme.

—Ten mucho cuidado, niña —le dijo el pez, muy cariñoso—. Siendo tan pequeña y encantadora puedes encontrar a gente tan mala como **esos sapos**.

—Muchas gracias, señor pez. Espero volver a verle —dijo **Pulgarcita** agradecida.

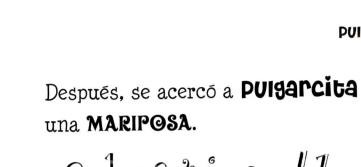

Pulgarcita

Después, se acercó a Pulgarcita una **MARIPOSA**.

—Sube a mi espalda —le ofreció a la niña—; te llevaré a una **MADRIGUERA** de ratón de campo llena de nueces y de avellanas, **para que pases bien** el invierno.

Allí encontró la niña a un **PÁJARO MORIBUNDO**, al que curó. A su despedida, el pájaro dijo:

—**Pulgarcita**, si alguna vez me necesitas, no tienes más que decir «¡Ven, pájaro pinto!».

—¡Pues entonces, **llévame contigo**, pájaro pinto!

El país del *pájaro pinto* era un lugar lleno de **FLORES** y en una de ellas dejó suavemente a **Pulgarcita**. El *pájaro pinto* le presentó a todos los habitantes, diminutos como ella, de aquel **SITIO TAN FANTÁSTICO**.

Cuando el **joven rey** conoció a **Pulgarcita**, se *enamoró* perdidamente y supo que quería casarse con ella. **Pulgarcita** sintió lo mismo y cuando le propuso matrimonio, ella aceptó.

El regalo de bodas fue doble: unas **preciosas alas** y un nuevo nombre, **zafiro**, por el color azul de sus ojos.

Después, acompañada de su marido el **rey** y de su amigo el *pájaro pinto*, la reina **zafiro** fue volando **A VISITAR A SU MADRE**.

La **sirenita** y sus amigos eran los encargados de mantener limpio el **FONDO MARINO** así que se pasaban cuatro horas diarias **recogiendo las porquerías** que las personas **tiraban al mar.**

Un día encontraron una hoja de **periódico** en la que se anunciaba un **concurso de belleza.**

A la **sirena** le atrajo mucho el anuncio, aunque sus amigos, el **gusano de mar** y el **viejo caracol** ermitaño, le aconsejaban que fuera prudente:

—Tu sitio es el mar —le decían.

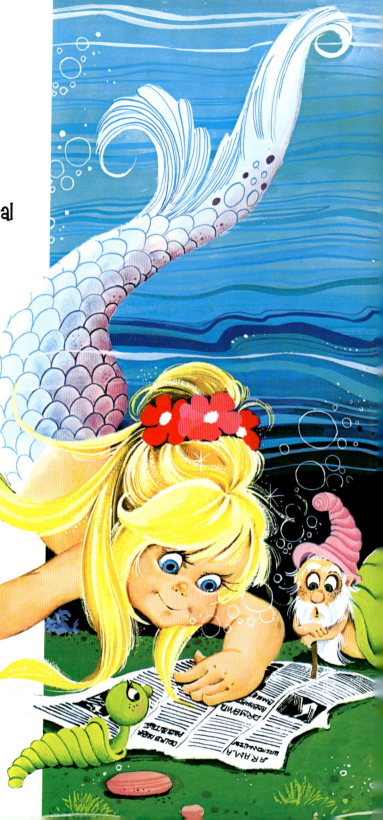

Cuentos **mágicos**

La **IMAGINACIÓN** de la **sirena** empezó a *volar*.

Ya se veía con una corona de reina hecha de diamantes y una banda de seda cruzándole el pecho donde se leía «**MISS MUNDO**». Se vestiría con los trajes más hermosos y estaría sentada en un **TRONO DE ORO** adornado con miles de flores. Los peces de colores, tan vanidosos como ella, animaban a la **sirenita** para que lo intentara.

¡Cómo les gustaría que su amiga fuera la **reina de la belleza**!

Solo el **viejo caracol** insistía en lo **peligroso** que era su sueño.

Pero ella *no hizo caso* y, montada en la **tortuga**, se dirigió a la playa.

—¡Caramba! —dijo la sirena—. Esto de arrastrarse por la playa es de lo más **INCÓMODO**.

Después entró en el **PALACIO** donde se celebraba el concurso. En cuanto la vieron, los cocineros se lanzaron sobre ella creyendo que era un **PESCADO EXÓTICO** para comer.

La **sirenita** escapó de allí tan rápido como pudo en un descuido de un cocinero y se fue al encuentro de la **PACIENTE TORTUGA**.

—Los humanos son horribles —le dijo entre sollozos la **sirenita**—. Por favor, llévame de vuelta al mar.

Cuando llegó al **Fondo del Mar** dio una *fiesta* para celebrar su regreso a casa y a ella acudieron todos sus amigos.

—**Fui una tonta** —reconoció la **sirenita**—, me dejé llevar por la **vanidad**. No me di cuenta de que la única belleza que importa es la que llevamos en nuestro interior.